CLUB DES LETTRÉS

OU

DE L'ÉDUCATION POLITIQUE

DANS LES HAUTES CLASSES

CONTENANT LETTRES A MESSIEURS

THIERS, GAMBETTA, ÉMILE DE GIRARDIN, JULES FAVRE,
FRANCISQUE SARCEY, VICTOR HUGO, JULES SIMON

PAR

A. ROBICHON

Avocat près la Cour d'appel de Poitiers

*De torrente in via bibet, propterea
exaltabit caput.*

PRIX : 3 fr. 75

POITIERS
IMPRIMERIE MARCIREAU ET Cie
36, RUE DE L'INDUSTRIE, 36
1876

Tous droits réservés.

CLUB DES LETTRÉS

OU

DE L'ÉDUCATION POLITIQUE

DANS LES HAUTES CLASSES

CONTENANT LETTRES A MESSIEURS

Thiers, Gambetta, Émile de Girardin, Jules Favre,
Francisque Sarcey, Victor Hugo, Jules Simon

PAR

A. ROBICHON

Avocat près la Cour d'appel de Poitiers

*De torrente in via bibet, propterea
exaltabit caput.*

—

PRIX : 3 fr. 75

—

POITIERS

IMPRIMERIE MARCIREAU ET Cie

36, RUE DE L'INDUSTRIE, 36

1876

—

(Tous droits réservés.)

CLUB DES LETTRÉS

A Messieurs de la Bourgeoisie parisienne.

Vos pères ont fait 89 ; je me crois donc obligé de vous dédier cet opuscule, qui tend à rétablir en France une bourgeoisie digne de celle que commandait la Fayette.

Il me semble y avoir dessiné une pensée nouvelle et sage : daignez la parcourir sous toutes ses formes, et pardonner autant à mon audace qu'à la faiblesse de mon style.

A l'Académie des Sciences morales et politiques.

La France a connu l'omnipotence monarchique, la puissance cléricale, la tyrannie démagogique, la violence de l'épée. Elle a même vu, à la faveur des événements, telle ville et tels citoyens lui dicter leurs volontés. Il n'est pas de forme gouvernementale qu'elle n'ait essayée : l'aristocratie a eu ses jours de suprématie, et la bourgeoisie s'est couronnée elle-même en la personne du débonnaire Louis-Philippe.

Tous ces gouvernements divers sont tombés tour à tour, après avoir régi nos destinées, et ont, par leur chute, témoigné de leur faiblesse. En supputant leurs années, en étudiant les révolutions qui les ont emportés, on voit vite le vice qu'ils cachaient, et qui les a perdus.

Ils étaient tous incomplets : ils ne s'appuyaient que sur telle ou telle classe du peuple.

Un gouvernement, pour être inébranlable, doit s'appuyer sur toutes les classes d'une nation, comme pour être sage. Il doit, tout en accordant à ses citoyens l'égalité absolue devant la loi, *régler dans quelle mesure toutes les classes peuvent concourir au bien de l'État.*

C'est cette harmonie suprême qui a fait la durée et la sagesse de la royauté anglaise.

Cette harmonie, tous les législateurs de l'antiquité en ont été frappés. Aussi voyez comme les peuples qu'ils avaient régis ont été calmes et prospères tant qu'ils obéirent à leurs lois.

En France, où se trouvent la noblesse, la bourgeoisie, la classe lettrée, celle de l'épée, de l'industrie, du commerce? Partout et nulle part!

Des révolutions successives ont tout enlevé, confondu, comme font les révolutions, sans mesure, avec une brutalité absolue.

Aujourd'hui, que nous voulons tous asseoir le gouvernement républicain sur des bases éternelles, il est bon de juger les révolutions passées, les mœurs politiques qu'elles ont laissées debout dans notre pays.

Nous avons déjà dit que ces révolutions avaient été trop radicales.

Avant 89, la France avait des mœurs politiques, qui ont plus d'une fois bridé le pouvoir et corrigé les lois. Les provinces avaient leurs assemblées du clergé, de la noblesse et du tiers état. Chaque province tenait à ses priviléges, à sa manière de vivre qui souvent n'était pas autre que dans une sage République. Dans ces assemblées on discutait sérieusement, utilement de l'intérêt de l'État. En effet, rappelez-vous que le Poitevin Richelieu, comme tant d'autres, révéla son génie dans une assemblée de ce genre.

Le 15 janvier 1791, on divisa la France en départements; alors les provinces et, avec elles, les assemblées provinciales, disparurent.

En revanche, le législateur reconnut à tous la liberté de réunion. Des clubs se formèrent ; mais ils n'eurent plus le même caractère et ne continrent pas les mêmes hommes que les assemblées de l'ancien régime.

Après avoir, avec des rôles divers, contribué largement à l'unification de la France, les clubs furent fermés par Bonaparte. Personne ne les pleura, parce qu'ils avaient jeté le discrédit sur la vie publique, en admettant dans leur enceinte, du soir au lendemain, un peuple grossier dont tous les appétits étaient excités.

Le premier consul, qui voulait gouverner personnellement, se garda bien de créer une sorte d'assemblée d'élite dans chaque département, à l'instar de celles que la Révolution avait détruites.

Quand vint 1815, on rétablit la liberté de parole dans les grandes assemblées d'État, mais on ne pensa plus aux assemblées provinciales. Toute la vie de la France se précipita dans une ou deux salles. Il y eut bien les réunions censitaires ; mais elles n'eurent pas le même but et le même esprit que les anciennes assemblées.

Depuis lors, rien n'a été fait pour *relever l'esprit politique dans les hautes classes :* les priviléges dont elles ont joui après la Restauration les ont fait détester.

En 1848, nouvelle épreuve des clubs tumultuaires ; en 1851, nouveau coup d'État, — chose naturelle !

Nous voici de nouveau en République. Donnerons-nous encore la liberté de réunion à un peuple que la tyrannie a formé?

Nous avons fait l'expérience partielle des effets que cette liberté produirait. Les derniers troubles sanglants de Paris et de plusieurs grandes villes n'ont pas d'autres causes.

En attendant que le peuple puisse jouir de cette liberté sans danger pour lui-même et pour nous, *je demande que nos législateurs l'accordent aux lettrés seuls*, c'est-à-dire aux classes élevées, éclairées et libres.

Je désire pour mon pays que les notables aient une place d'honneur et décident, les premiers, à haute voix, sur toutes les questions et sur tous les citoyens, comme les sénateurs et les patriciens dans l'ancienne Rome. Je désire qu'ils forment comme une sorte de conseil de politique et de sagesse nationale. Ce privilége n'ôte rien au peuple; au contraire, il en sera plus éclairé, et aura un motif de plus pour se décider dans tel ou tel sens.

Composition du Club.

RÈGLE GÉNÉRALE. — Tous ceux qui auront obtenu le grade de bachelier, tous ceux qui pourront justifier d'un titre de noblesse, seront admis dans le Club. Les commerçants, — les industriels, — qui payent trois cents francs de patente, jouiront du même privilége.

Les riches, pour y être reçus, devront établir qu'ils sont propriétaires d'une fortune d'au moins cent mille francs, dont une partie devra être immobilière et située dans l'arrondissement du Club où ils voudront entrer.

EXCEPTION. — L'assemblée pourra, par un vote public, après délibération, recevoir tels ou tels citoyens, ouvriers, laboureurs, soldats, marins, religieux, qui ne rempliraient pas l'une de ces conditions.

L'assemblée devra se montrer sobre dans la distribution de ces honneurs et ne les accorder qu'à ceux qui s'en seront rendus dignes, en illustrant leur profession, leur art, leur pays par des vertus, des actions peu communes.

Le but de cette institution étant de pondérer les masses et de les éclairer, il faudra donner aux vieillards certaines privautés. Pour contribuer matériéllement à ces honneurs, on décrétera que les vieillards occuperont les premières places autour de la tribune, et que tous les membres seront échelonnés derrière eux, chacun selon son âge, en commençant par les plus vieux; et que le président ne pourra être élu que parmi les hommes de plus de cinquante ans.

Discours et Sujets.

Tout le temps qu'un orateur parlera, personne n'aura le droit de l'interrompre, hors le président. Quand l'orateur aura fini de parler, on ne pourra répliquer qu'après avoir laissé un quart d'heure de répit à l'assemblée. De cette façon, on évitera les mouvements désordonnés.

Sans que le Gouvernement ait le droit de s'y opposer, on pourra tout dire, dans quel sens on voudra, sur la religion, la politique, l'administration, etc., et sur les actes, les opinions de tous les citoyens.

Extension du droit de parler.

Afin que tous se ressentent des bienfaits de cette institution, le premier venu pourra porter à la tribune du Club ses plaintes ou ses conseils, pourvu que, auparavant, au moins dix membres l'aient présenté à l'assemblée. Mais, son discours fini, cet homme devra se retirer.

Tout citoyen d'un Club des lettrés quelconque pourra, après s'être soumis à la même formalité, se défendre ou attaquer dans tel Club qu'il voudra.

Les députés, les sénateurs, les conseillers d'État, les ministres, pourront prendre la parole dans tous les Clubs de France sans avoir besoin de caution.

Préparations aux élections.

Six mois avant telle élection, le président du Club demandera qui sont ceux qui veulent se présenter aux suffrages, et en lira les noms aussitôt qu'il lui seront connus. Après cette formalité, la campagne électorale commencera pour le Club. Pendant cette campagne, on aurait la liberté de tout dire sur les candidats, attaquer leur personne publique et leur personne privée, celle-ci étant caution pour l'autre. Le président devra s'efforcer constamment de faire régner la bonne foi dans ces discussions électorales.

Quinzaine avant l'élection, les derniers discours des membres et le résumé du président entendus, l'assemblée passera au vote et dira si tel candidat est admissible, lui parait digne des suffrages du peuple, et cela indépendamment de ses opinions, à cause de ses talents, de ses vertus.

Le jugement que cette société éclairée prononcerait sur tel homme ajouterait ou ôterait considérablement à sa personne.

Qui ne voit que le peuple suivrait avec attention toutes ces discussions préliminaires, et saurait en tenir compte le jour de l'élection, qui n'en serait pas moins *libre pour lui !!*

Nombre des réunions et Profit matériel pour chaque arrondissement.

Les réunions seront aussi fréquentes que le voudra la majorité des membres inscrits. — Le législateur pourrait fixer un minimum et un maximum. — Le jour de ces assemblées devra toujours concorder avec des jours de foire, concours, ballades ou frairies dans les arrondissements ruraux.

Ainsi, d'un seul coup, les citoyens pourront s'occuper de leurs affaires domestiques et politiques. Chaque chef-lieu d'arrondissement serait de temps en temps un « petit Paris » très-intéressant et très-remuant; et l'on verrait la jeunesse accourir et terminer en toilette, en danse, une journée commencée par le soin des intérêts domestiques, polémiques et politiques.

De très-bons esprits se chagrinent que Paris attire à soi toute la vie intellectuelle et matérielle de nos campagnes et de nos villes provinciales; qu'ils appuient ce système et bientôt habiteront autour d'eux de nombreuses intelligences, de riches et dépensières existences.

Leur rêve sera réalisé !

Paris n'en sera pas moins beau, ni moins fréquenté; il sera la gigantesque école où nous irons chercher le savoir-vivre et le savoir-parler chez nous.

A M. THIERS.

Daignez me permettre, très-illustre Monsieur Thiers, de vous entretenir un instant sur le *Club des lettrés*, et de l'influence qu'il pourrait avoir sur les élections.

Le système électoral d'aujourd'hui a produit de trop fâcheux résultats ! La raison, vous la savez : c'est que, jusqu'au jour du triomphe électoral, tout se passe entre amis ; que ce sont les amis qui font tout. — M. un Tel a beaucoup de relations dans son arrondissement ; il sera nommé à la place d'un grand homme.

Celui-ci plaît à la rédaction d'un journal : cela suffit pour qu'on lui trouve des vertus et qu'on lance sa candidature. — De jugement porté entre tel ou tel : point ! Le peuple suit à l'aventure. L'habileté des agents électoraux et la polémique du journal décident sa volonté. Tout le monde cherche à corriger cet état de choses ; et les modifications que l'on propose : *Suffrage restreint, Suffrage à deux degrés*, ne pourraient rien de plus pour donner à la France des garanties meilleures et seraient en contradiction avec notre amour de l'égalité et nos usages.

Comme il n'y aurait pas de longues préparations de l'opinion publique, et que tout se passerait encore entre amis, la France verrait toujours des gens indignes et incapables arriver par l'intrigue.

Le système que je vous soumets transporterait dans notre République les usages de Rome.

Il ferait connaître longtemps à l'avance les candidatures. Et ceux qui seraient d'opinion différente étant en présence dans une même enceinte, les candidats et les candidatures seraient admirablement discutées par les amis et les ennemis.

Alors, celui-là seul qui aurait plus de titres, et des titres plus solides, résisterait à ces épreuves.

Enfin, quand le peuple, réuni dans ses comices, serait appelé à choisir un député, il pourrait plus facilement et plus sagement le faire en s'éclairant de ce qui aurait été dit dans le Club des lettrés.

Les épreuves des candidatures et, auparavant, une vie perpétuellement au grand jour, donneraient au pays des garanties plus que suffisantes.

Toutes ces formalités peuvent déplaire aux ignorants et aux coquins; mais un brave homme, un grand citoyen les admettront sans peine, parce qu'elles pourraient leur donner l'occasion de se montrer tels qu'ils sont.

Les grandes situations politiques acquises de

cette façon seraient plus solides, — parce que ceux qui se les seraient faites auraient été soumis à plus d'épreuves, et parce que, pour les renverser, il faudrait trouver un citoyen qui, passant par les mêmes épreuves, fût jugé meilleur.

A M. GAMBETTA.

Vous le voyez, — sans qu'il vous soit besoin d'y pourvoir quand vous en auriez besoin, — partout, en France, une tribune sera dressée devant vous; partout, dans tous les arrondissements, vous pourrez trouver une assemblée qui vous entende.

Vos travaux en seront plus faciles et plus efficaces, et votre puissance augmentée. Sachant, dans tel arrondissement, telle cabale contre la République, contre votre renommée, vous pourrez, du soir au lendemain, sans avertir personne de votre volonté, entrer dans le camp de vos ennemis, démasquer leurs desseins, foudroyer leurs erreurs, et les réduire au silence, — à l'admiration!

Avec les *Clubs des lettrés* tout homme pourrait trouver l'occasion d'aborder la vie politique — sans bourse délier. Ce qui est aujourd'hui le privilége du petit nombre, un auditoire serait offert à tous, au premier venu. — Jusqu'à présent, les orateurs n'avaient eu, pour développer leurs pensées politiques, que la tribune des grandes assemblées gouvernementales, le prétoire des justices et la tribune temporaire de certaines assemblées avant le jour des élections.

Dans ces dernières assemblées, on voyait réunis des gens de tous les rangs, différents de caractère et d'instruction, mais presque toujours d'une seule opinion. L'orateur devait nécessairement flatter son auditoire, entrer dans ses vues et combattre contre des adversaires absents. Cette disposition devait nuire considérablement aux orateurs. Le peu d'instruction d'un certain nombre de leurs auditeurs leur défendait l'élévation de langage et de doctrine, et les obligeait au style déclamatoire.

Dans des assemblées libres, en permanence, composées d'hommes indépendants et intelligents, de toutes les opinions, l'orateur se sentira obligé à plus de dignité, d'éloquence et de raisons.

Il sera lui-même plus indépendant : car, n'ayant plus à traduire les sentiments de l'assemblée qui l'admet, se trouvant en face de ses adversaires, il sera forcément obligé à rester lui-même, se sentant plus sûr en présentant ses opinions personnelles.

Alors, non-seulement des orateurs pourront se former, des politiques, étaler au grand jour leurs théories, mais ceux qui les entendront discourir, sentant journellement le besoin de savoir, se mettront au travail et continueront leurs études.

Ces assemblées seront un grand stimulant pour les orateurs et pour les auditeurs. Voyons les choses de plus loin. Les députés, les hommes d'État, sentant derrière eux une génération grandissante, rivaliseront d'ardeur et embelliront leur personne par des vertus privées, et leur vie par des actions dignes de la France. — Les députés, les sénateurs, les ministres, se voyant observés par plusieurs cent mille hommes intelligents et éclairés, se tiendront plus fermes dans le devoir. Les uns ne pourront se vendre, les autres acheter les résistances ; la conduite des uns et des autres sera journellement observée et critiquée. — Un grand homme, un grand ministre, trouverait la France pour point d'appui et ne serait pas aussi vivement inquiété par l'intrigue.

Alors, très-illustre orateur, votre grande âme n'ayant plus à compter avec les mille misères de la vie parlementaire, des roueries de couloir, pourra s'occuper sans détour du salut de la Nation.

Le plus puissant des parleurs et le plus haut des raisonneurs politiques, vous emporterez les assemblées gouvernementales et la nation tout entière dans le chemin du progrès. Les interrupteurs seront sifflés, et les corrompus seront vertement stigmatisés par nous dans nos grandes assemblées d'opinion.

En un mot, les malhonnêtes politiques trouveront parmi nous des censeurs terribles et inattaquables. Surveillés les uns par les autres, pleins d'émulation, sans avoir à courber la tête devant telle ou telle puissance occulte ou publique, nous grandirons tous ensemble pour la gloire éternelle de la Patrie.

Il n'y a rien d'exagéré dans ma parole et dans mes rêves. Cette combinaison que je vous propose aura toujours pour résultat immédiat de mettre la France au-dessus d'elle-même.

A M. ÉMILE DE GIRARDIN.

Vous avez traversé bien des révolutions politiques. Eh bien! je vous le demande, aux approches d'un coup d'État, que devient un journal? Quel est le style des rédacteurs? Quelles pensées animent les lecteurs ?

Aux approches d'un Deux-Décembre, tous deviennent circonspects. Lorsque la peur n'entre pour rien dans l'esprit du rédacteur, souvent la crainte de tout compromettre, de donner des prétextes au pouvoir lui enlève sa liberté. Le journal, cessant de prendre une allure libre, jette dans l'esprit public la frayeur. Sa circonspection est le fruit d'une politique sage ; elle produit la crainte dans une foule de lecteurs : de là des défaillances !

Défaillances utiles aux conspirateurs : les Bonaparte, après les avoir fait naître, en ont profité.

Voilà le côté faible du journal : instrument de lumière, impuissant au jour de l'action.

Une assemblée, au contraire, peut être brave, comme une armée rangée en bataille, et disputer la victoire jusqu'à la fin. Ainsi la première Convention devant les faubourgs.

Une grande âme semble animer tous ses membres. L'orgueil de se montrer brave fait que l'on court à la mort en souriant et que l'on reste ferme dans ses opinions. C'est l'histoire de tous les temps : Achille veut combattre, mais en plein jour.

Un journal ne peut enfanter ces héroïsmes, car il chuchote, pour ainsi dire, la vie politique; tandis que dans une assemblée on vit de cette vie-là.

Au point de vue de la politique, les Clubs des lettrés produiront les meilleurs effets; ils mettront les inconnus en lumière ; ils leur donneront de la vie, de la chaleur, plus de caractère, et de ténacité dans leurs opinions politiques. S'il venait un coup d'État, cet exercice de la vie publique rendrait les défenseurs de la Constitution plus nombreux et plus braves, plus habiles et plus influents.

Robespierre, au commencement de sa carrière, tremble et fuit dans les caves; au 9 thermidor, il souffre le martyre et meurt sans se plaindre.

Cette puissance de la vie publique se faisant sentir sur une foule, la France en grandira par le caractère.

Le Club des lettrés, non-seulement formera des politiques, donnera à l'opinion publique plus de densité, mais encore il influera considérablement sur les journaux. Ceux-ci qui invoquent toujours l'autorité de l'opinion publique ne seront pas si souvent dans l'erreur, quand l'opinion publique aura une représentation et une expression évidente. Il ne sera besoin que de consulter les procès-verbaux des séances où les lettrés auront manifesté leur avis.

Que le simple citoyen sera grand lorsqu'il pourra, d'un seul coup, traduire le jugement populaire sur telle action gouvernementale-départementale et autres, et cela sans la permission de tel journal et de tel puissant!

Avec ce système, le citoyen aura la grandeur d'indépendance des nobles Polonais dans leurs diètes d'autrefois, sans avoir la puissance qui perdit leur République.

A M. JULES FAVRE.

Éloquent défenseur du droit de réunion, pouvez-vous ne pas admettre ce système ? Sans doute, il restreint dans une large mesure ce droit lui-même, mais il n'y apporte une restriction que pour le rendre plus redoutable contre la tyrannie, et, partant, plus utile aux intérêts du peuple.

Donner à tous Français le droit de réunion, c'est l'affaiblir et le faire tomber en discrédit. Consultez l'histoire. On arriverait à faire naître chez les hautes classes de France ce dégoût de la vie politique qui perdit Athènes et qui maintenant domine aux États-Unis d'Amérique.

Ce dégoût serait justifié par le désolant spectacle d'un peuple, incapable pour le moment d'idées larges, sans expérience, élevé pendant des siècles par les plus terribles ennemis de la vie politique républicaine, se mêlant de juger sans instructions les œuvres politiques de ses plus grands citoyens, c'est-à-dire de décider du soir au lendemain sur ce que les historiens ont peine à résoudre eux-mêmes après un long temps.

Il n'est rien de plus antipathique au césarisme que la libre discussion et l'autorité dans les hautes classes. A Rome, nous voyons les premiers Césars, pour bien asseoir leur empire, uniquement occupés à renverser l'aristocratie. En France, la royauté, pour devenir de droit divin, écrase la grande noblesse de l'épée et abaisse l'orgueil des parlements.

Partout, c'est la même histoire : les tyrans ne veulent pas de contrôle et ne peuvent souffrir aucun intermédiaire entre le peuple et leur gouvernement. Comme le dernier des Tarquins, ils abattent avec la verge de leur pouvoir les pavots les plus élevés. — Notre grande Révolution a été faite par la bourgeoisie, et le club des Jacobins y a joué le plus grand rôle. Sous le gouvernement de 1830, la bourgeoisie maîtresse du pouvoir avec un roi digne d'elle s'est montrée impatiente du joug.

Je ne demande pas que l'on ramène en France les aristocraties de Rome, les priviléges de notre ancienne noblesse et de notre bourgeoisie. Il ne faut pas que telle classe soit à elle seule dépositaire du pouvoir. Les nations qui ont ce malheur peuvent avoir des périodes de gloire et jouir d'une bonne administration, pendant un temps ; mais elles connaissent bien vite le sénilisme de Sparte et de Venise, la frivolité et la pourriture de Rome. La théorie que j'ai l'honneur de vous soumettre n'empiète sur aucun droit, ne crée aucun privilége dangereux, ne fait courber la tête à personne, pas même au plus faible des Français. C'ést en quelque sorte la création d'une académie politique dans chaque chef-lieu d'arrondissement. Grâce à cette institution, les saines doctrines politiques trouveront toujours des défenseurs, soit à droite, soit à gauche.

Je suppose que le législateur, s'inspirant des besoins véritables des esprits, ait accordé aux *lettrés le droit de réunion*, l'empire aurait-il pu créer les candidatures officielles? Non : c'eût été impossible ! — Les hommes éclairés ayant, pendant six mois, dans notre système, discuté ces candidatures, en auraient fait échouer le plus grand nombre. — En présence d'assemblées aussi sages qu'indépendantes, l'empire aurait été obligé de renoncer à manifester ses désirs, ou bien, après s'être aliéné peu à peu l'esprit de la nation, se serait vu en minorité dans la Législative, et, méprisé par le pays, se serait retiré comme la Monarchie de Juillet. Je ne crois pas qu'il eût été tenté de faire un nouveau coup d'État contre la France entière en temps de paix et sans motif.

Oui, une institution de ce genre serait comme un tribunat en face du pouvoir et comme un sénat en face du peuple. Admettant dans son sein des citoyens de toute opinion, de toute fortune et de toute origine, elle serait impérissable, n'ayant pas d'ennemis comme la noblesse et la bourgeoisie. Elle initierait le peuple à la véritable vie politique et lui ferait connaître ses meilleurs amis.

Un peuple qui saurait vivre ainsi sur le forum, et qui choisirait avec bon sens ses représentants, ne saurait longtemps se soumettre au régime du sabre. Sous l'Empire, cette institution l'eut brisé; sous la République, elle rend impossible tout retour à la Monarchie, parce qu'elle pondère admirablement toutes les passions populaires et les remplace par de bonnes mœurs politiques.

A M. FRANCISQUE SARCEY.

Il me paraît incontestable que les *Clubs* pourraient produire les plus heureux effets sur la jeunesse française.

En effet, comme des jeunes gens de toute origine, de toute fortune, seraient en présence, avoueraient leur ambition, il en résulterait entre eux cette rivalité pour le bien de l'État, qui, régnant autrefois dans l'ancienne noblesse, nous fournit tant d'hommes illustres. Le caractère de leurs jeux, de leurs occupations changerait. Les études politiques, historiques, ce qui est tout un, auraient pour eux plus d'attraits, parce que bientôt, autour d'eux, la société, sachant mieux distinguer entre la polémique et la politique elle-même, et ne se perdant plus en personnalités offensantes, ne leur ôterait pas le goût de ces études, et parce que eux-mêmes pourraient en voir, en sentir l'importance.

Outre cette rivalité pour l'étude, les lettrés

développeraient l'esprit de fraternité entre les jeunes gens d'un même club; ils contribueraient puissamment à faire disparaitre les divergences d'opinion que nous allons tous puiser dans des établissements d'instruction différents et ennemis.

Il se formerait naturellement dans chaque assemblée une opinion, une manière d'être moyenne qui serait le fruit des systèmes divers mis en présence.

Dans ces réunions, les pères de famille diraient sans doute les succès de leurs fils à leurs connaissances. Ce ne serait pas assez.

Il faudrait que dans chaque club il y eût un bureau chargé de se mettre en relation avec les jeunes gens qui s'éloignent de l'arrondissement et de faire annuellement un rapport public sur leurs succès ou les obstacles qu'ils ont rencontrés.

Voyez ce qu'une institution de ce genre établie dans toute la France produirait. Elle piquerait l'ardeur de la jeunesse, échaufferait la rivalité entre tous les jeunes hommes de notre cher pays. Cette institution ne laisserait rien dans l'ombre, ni les bonnes, ni les mauvaises actions. Si l'on se tait ici sur une injustice, on en parlera là-bas. Je crois que l'esprit d'intrigue et de vile protection vivrait mal à l'aise sous ces feux croisés de tous les clubs de France. Telles ou telles sociétés qui agissent dans l'ombre avec un pouvoir terrible sur les destinées de la France ne pourraient plus si facilement recruter leur armée de tous les talents sans place, de tous les intrigants.

Pour n'en citer qu'une, la Société de Gésû, qui révolte tant de grands cœurs par ses menées ambitieuses, serait obligée de borner ses convoitises, de circonscrire son action ou de la mieux dissimuler. — Aujourd'hui, les mariages, les places du chemin de fer, de la magistrature, du gouvernement, de l'armée, etc., elle a tout sous sa main.

C'est ainsi qu'elle brave vos raisons, les menaces de la foule, les persécutions gouvernementales et l'éloquence des milliers d'écrivains qui vous ont précédés.

Réunissez les lettrés; et le gouvernement, la France seront graduellement, sans secousses, délivrés de leurs étreintes par les ambitieux eux-mêmes, par la grande lumière qui se dégagera de tous les clubs.

A M. VICTOR HUGO.

Tout jeune encore, vous avez été grand; vous avez reçu les louanges de vos amis et les hommages de la France entière. Votre génie pouvait se passer de soutien. Cependant, je suppose qu'il ait existé au chef-lieu d'arrondissement dans lequel vous êtes né, comme dans tout le reste de la France, un *Club des lettrés;* je suppose qu'au jour où l'on aurait fait un rapport sur la jeunesse du pays, on eût, chez vous, célébré votre nom. Comme votre âme eût été fière de recevoir la première couronne parmi vos concitoyens ! Quelle sécurité pour vous de sentir une force toute disposée à vous protéger !

Que de jeunes talents sortent de nos provinces, se perdent et meurent dans l'immense *nuit de Paris,* avec le désespoir de n'avoir pu percer. S'ils pouvaient se savoir observés par toute une contrée, si leur nom était redit annuellement devant mille témoins, si leurs travaux, leurs succès, leurs peines étaient racontés devant leurs concitoyens, ils auraient courage, ils supporteraient les mauvais jours avec plus de dignité.

Mais non, à Paris, la foule!! Dans leur pays, la solitude!! Partout qu'eux seuls!! — Ils se désespèrent. On l'a dit : le génie a besoin de chaleur, d'applaudissements, de lumière. Le silence le tue.

Un jeune talent aujourd'hui croit avoir beaucoup acquis lorsqu'il a trouvé un journaliste ami, un salon qui lui ouvre ses portes, et un millionnaire qui lui ouvre sa bourse. Ces trois avantages sont en effet trop grands pour qu'il n'en soit pas heureux. Mais, jusque-là, que de peine, que de détours !

Il est des caractères timides et fiers tout à la fois, des hommes malheureux qui n'osent ou ne peuvent s'insinuer : alors tout est perdu pour leur talent et leur gloire. Inconnus, ils doivent mourir tels.

Le silence les tient dans son puissant empire. Rompons le silence et n'abandonnons pas aux hasards d'une chronique littéraire ou artistique plus ou moins éclairée, intéressée, aux caprices de telle fortune et de tel salon, le soin de redire à la France les grands hommes qui pour elle gémissent, sans secours, ignorés.

Dans vos *Misérables* vous avez demandé que la lumière fût faite sur chacun de nous, que la liberté ne se peut garder qu'en plein jour, que le mal se fortifie dans l'ombre.

Travaillez avec votre serviteur à donner à la France la puissante lumière du Club des lettrés. Alors vous verrez tous les talents connus, et la tyrannie, la pauvreté, l'injustice disparaître à jamais du sol de la patrie !...

A M. JULES SIMON.

Une des plus nobles occupations du *Club des lettrés* serait de rechercher les malheureux, et de les aider. Cette occupation le rendrait aussi populaire que les autres exercices politiques lui donneraient d'autorité et de lumières.

Dans une séance solennelle, on dirait ceux qui auraient montré pendant l'année le plus de charité, la charité la plus utile, la plus ingénieuse.

On dirait dans cette séance le nombre des pauvres secourus dans l'arrondissement, ce qu'ils reçoivent et le nombre de ceux qui sont abandonnés. On décréterait alors un bal, une soirée, une loterie, une cotisation, etc., pour subvenir à ceux-ci, et pour donner encore à ceux qui ne reçoivent pas assez. On étudierait les systèmes économiques.

Le Club des lettrés généralise votre cercle du Havre ; il l'élève, lui ôte son caractère de parti, et fait subir la même transformation *aux œuvres* et aux *cercles* cléricaux, qui prendraient bientôt sous son influence un caractère plus religieux. Dans chaque club, il y aura des libéraux et des cléricaux, sans doute; mais ces derniers seraient vus, observés. La grande masse libérale pourra compter leur petit nombre et leurs efforts ambitieux, ardents, puis se déterminer à l'action.

Maintenant le parti libéral vit disséminé et ne combat contre eux que par le mépris, le sarcasme. Dans le *Club des lettrés*, les libéraux se sentiraient les coudes, se diraient leurs impressions, leur volonté.

Ce club donnerait donc aux libéraux ce qui leur manque, une âme commune, un lieu de rendez-vous. Les cléricaux jouissent déjà de cet avantage, autour de leurs évêques et de certains prêtres remuants. Les conditions de la lutte seraient égales; alors nous aurions beau jeu : les ultramontains verraient combien ils sont exagérés quand ils pensent pouvoir écraser l'esprit de la Révolution sous l'esprit du moyen âge restauré dans leurs séminaires, leurs conciliabules, leurs universités, *leurs œuvres* et *leurs cercles*.

Ils reviendraient à des sentiments plus sains et plus français, s'épargneraient bien des haines féroces, bien des combats, et nous ôteraient bien des craintes pour l'avenir du pays.

Tous ces exercices : protéger la jeunesse, secourir les pauvres, dire ceux qui sont leurs amis, combattre contre les tyrannies locales, critiquer tous les actes du pouvoir et de tous les particuliers, entendre les dissertations de tel grand philosophe, la parole de tel orateur, sans que le Gouvernement ait le droit de s'y opposer, ayant le droit commun de se défendre de la façon dont il est attaqué, initieraient les hautes classes à la vie indépendante et fière.

Par le contact de ces grandes choses, la noblesse serait retrempée dans la vie politique qu'elle menait autrefois, la bourgeoisie s'ennoblierait ; et les nouveaux venus subiraient l'influence de ce milieu. Tel père voudrait revivre en ses enfants, et ceux-ci tiendraient à honneur de jouer le rôle qu'il aurait rempli toute sa vie. Il se formerait des familles avec le cachet antique.

Cet esprit de liberté et de justice ne serait pas le privilége des hautes classes. J'ai dit que le premier venu du peuple pouvait obtenir de porter à la tribune sa pensée ou ses souffrances, pourvu qu'il fût tyrannisé ou sage.

www.ingramcontent.com/pod-product-compliance
Lightning Source LLC
Chambersburg PA
CBHW060702050426
42451CB00010B/1241